I0887487

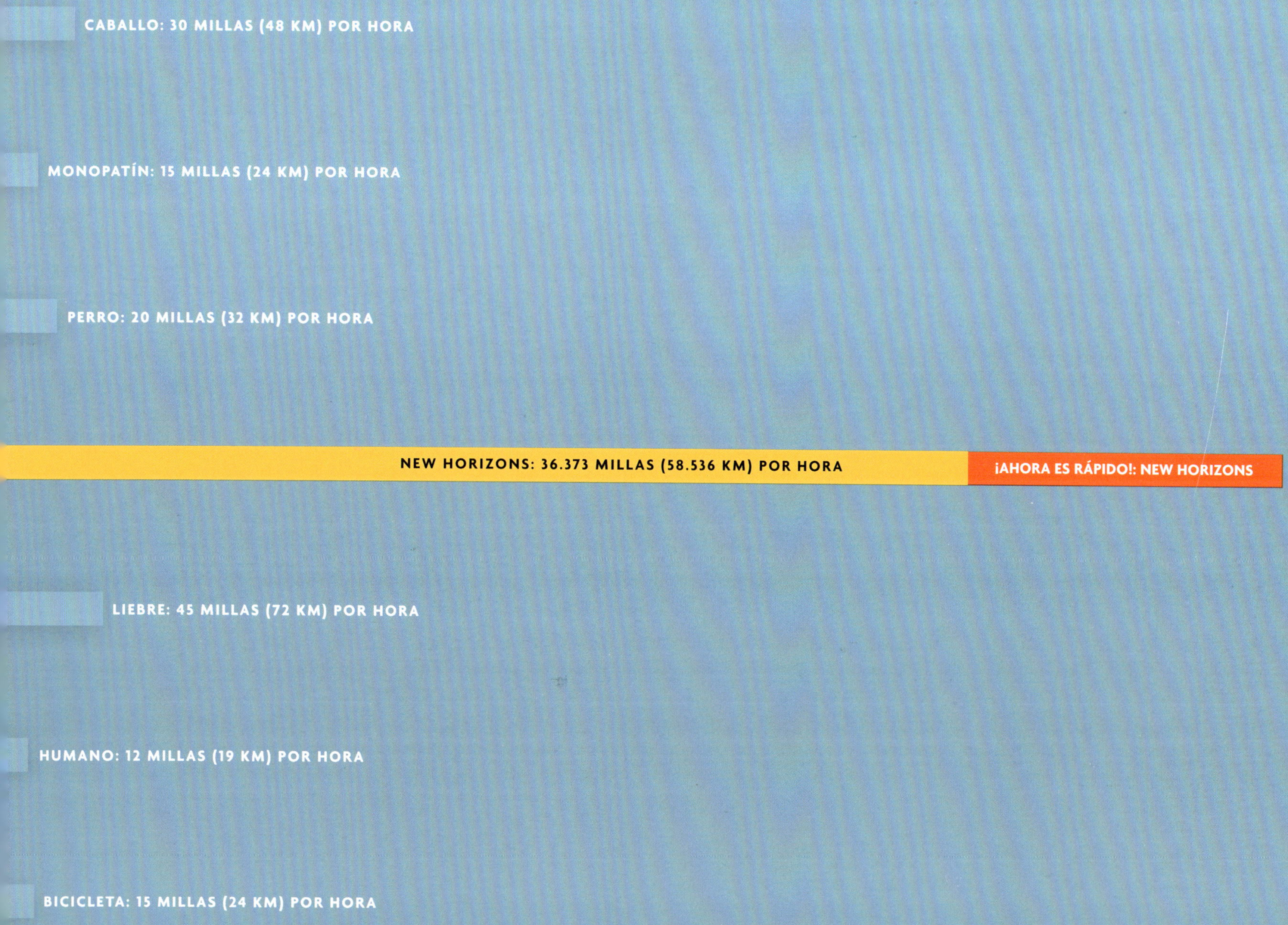

CABALLO: 30 MILLAS (48 KM) POR HORA
MONOPATÍN: 15 MILLAS (24 KM) POR HORA
PERRO: 20 MILLAS (32 KM) POR HORA
NEW HORIZONS: 36.373 MILLAS (58.536 KM) POR HORA
¡AHORA ES RÁPIDO!: NEW HORIZONS
LIEBRE: 45 MILLAS (72 KM) POR HORA
HUMANO: 12 MILLAS (19 KM) POR HORA
BICICLETA: 15 MILLAS (24 KM) POR HORA

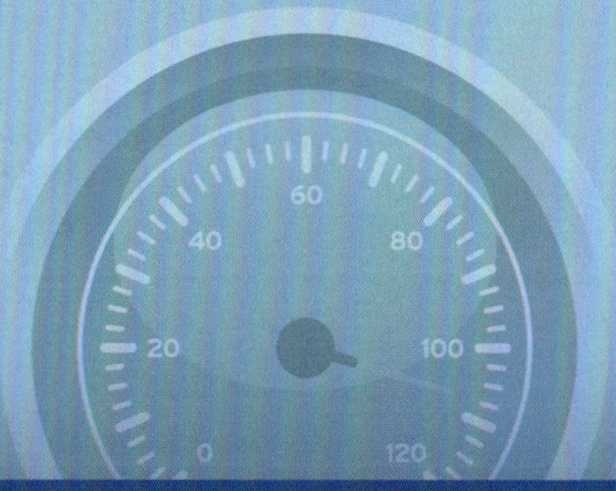

¡AHORA ES RÁPIDO!

NEW HORIZONS

KATE RIGGS

CREATIVE EDUCATION

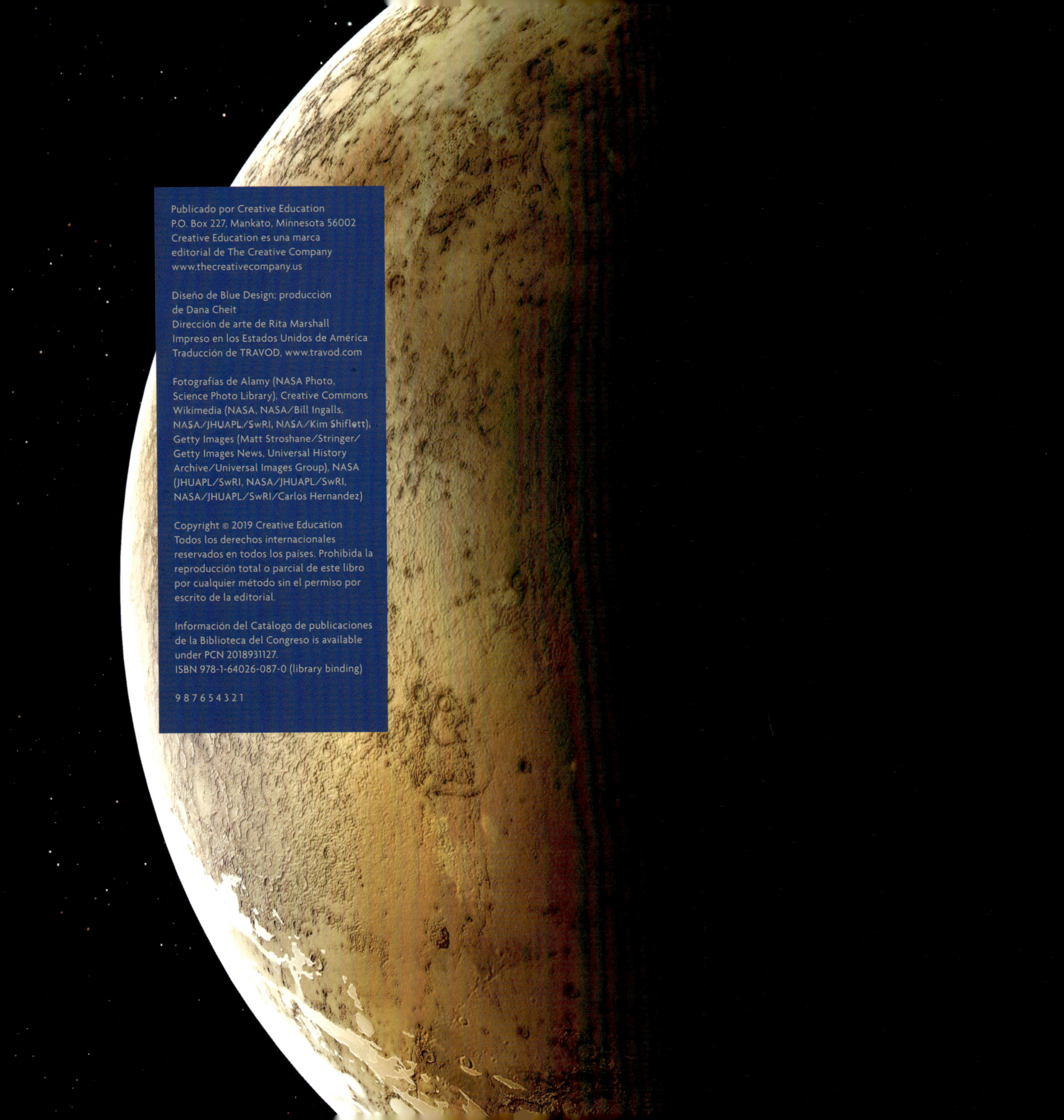

Publicado por Creative Education
P.O. Box 227, Mankato, Minnesota 56002
Creative Education es una marca
editorial de The Creative Company
www.thecreativecompany.us

Diseño de Blue Design; producción
de Dana Cheit
Dirección de arte de Rita Marshall
Impreso en los Estados Unidos de América
Traducción de TRAVOD, www.travod.com

Fotografías de Alamy (NASA Photo, Science Photo Library), Creative Commons Wikimedia (NASA, NASA/Bill Ingalls, NASA/JHUAPL/SwRI, NASA/Kim Shiflett), Getty Images (Matt Stroshane/Stringer/Getty Images News, Universal History Archive/Universal Images Group), NASA (JHUAPL/SwRI, NASA/JHUAPL/SwRI, NASA/JHUAPL/SwRI/Carlos Hernandez)

Copyright © 2019 Creative Education
Todos los derechos internacionales reservados en todos los países. Prohibida la reproducción total o parcial de este libro por cualquier método sin el permiso por escrito de la editorial.

Información del Catálogo de publicaciones de la Biblioteca del Congreso is available under PCN 2018931127.
ISBN 978-1-64026-087-0 (library binding)

9 8 7 6 5 4 3 2 1

Tabla de contenido

ESPACIO DE SONDEO

Sonda es una nave robótica que explora el espacio exterior. Los cohetes potentes envían sondas al espacio. ¡Un cohete Atlas V hizo que la *New Horizons* recorriera 36.000 millas (57.936 km) por hora!

NASA

La *New Horizons* se lanzó en 2006. Los científicos la construyeron para volar más allá de Plutón. Querían aprender más sobre ese helado planeta enano. Está tan lejos en el **sistema solar** que apenas si sabíamos algo sobre él.

GENERACIÓN DE ENERGÍA

New Horizons tiene la forma de un piano de cola. Está hecho de capas delgadas de **aluminio**. Asomando por fuera del cuerpo hay un **generador**. Tiene una fuente de calor que genera electricidad. Esto alimenta la sonda, sin tener que cargarla como una batería. En el lado plano de la sonda hay una antena parabólica.

Mission Operation
JOHNS HOPKINS
APPLIED PHYSICS LABORATORY
NEW HORIZONS
NEW HORIZONS

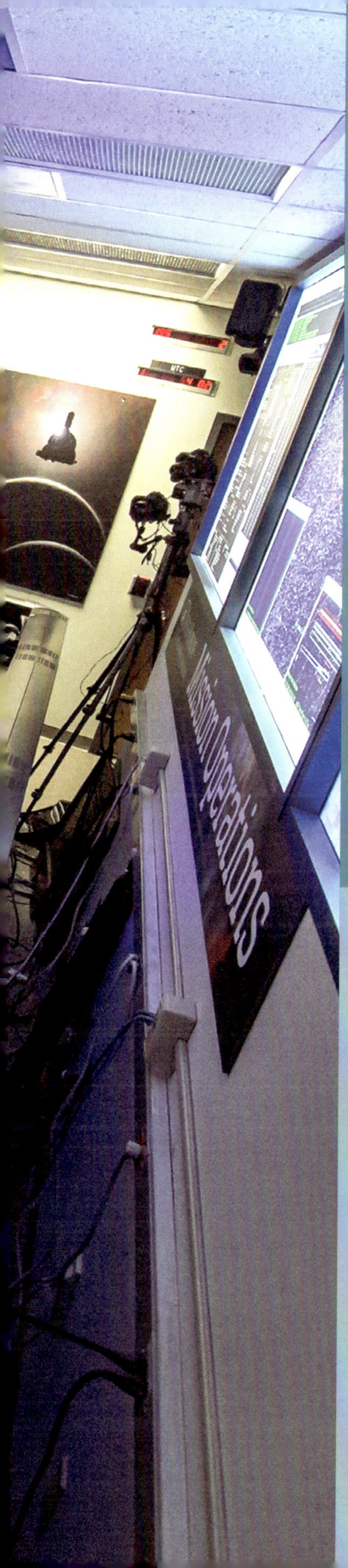

ENVÍO DE MENSAJES

La gente controla la *New Horizons* desde la Tierra. La sonda devuelve información usando **ondas de radio**. Estas ondas tardaron aproximadamente cuatro horas y media en llegar a la Tierra desde Plutón.

PROYECTO DE GRUPO

La nave fue construida en Maryland. Llegó al Centro Espacial Kennedy de Florida en 2005. El Dr. Alan Stern dirige el equipo de científicos de la misión. Otros grupos alrededor de los Estados Unidos trabajan con la NASA en diferentes partes del proyecto.

New Horizons viaja por el espacio a más de 31.000 millas (49.890 km) por hora. No puede disminuir la velocidad. Sus cámaras toman fotos rápidamente.

New Horizons voló más allá de Plutón en 2015. ¡Los datos tardaron 15 meses en llegar a la Tierra! Recién después de ese tiempo, pudo la gente finalmente ver las primeras imágenes claras de Plutón.

Los controladores de la misión en la Tierra guían a *New Horizons*. Está volando hacia otros objetos distantes y helados. Estos están en el **Cinturón de Kuiper**. En enero de 2019, debería volar por un objeto llamado 2014 MU69.

A miles de millones de millas de distancia, *New Horizons* vuela a través del espacio. Cambia de dirección. ¿Qué encontrará después?

DESARMANDO LA *NEW HORIZONS*

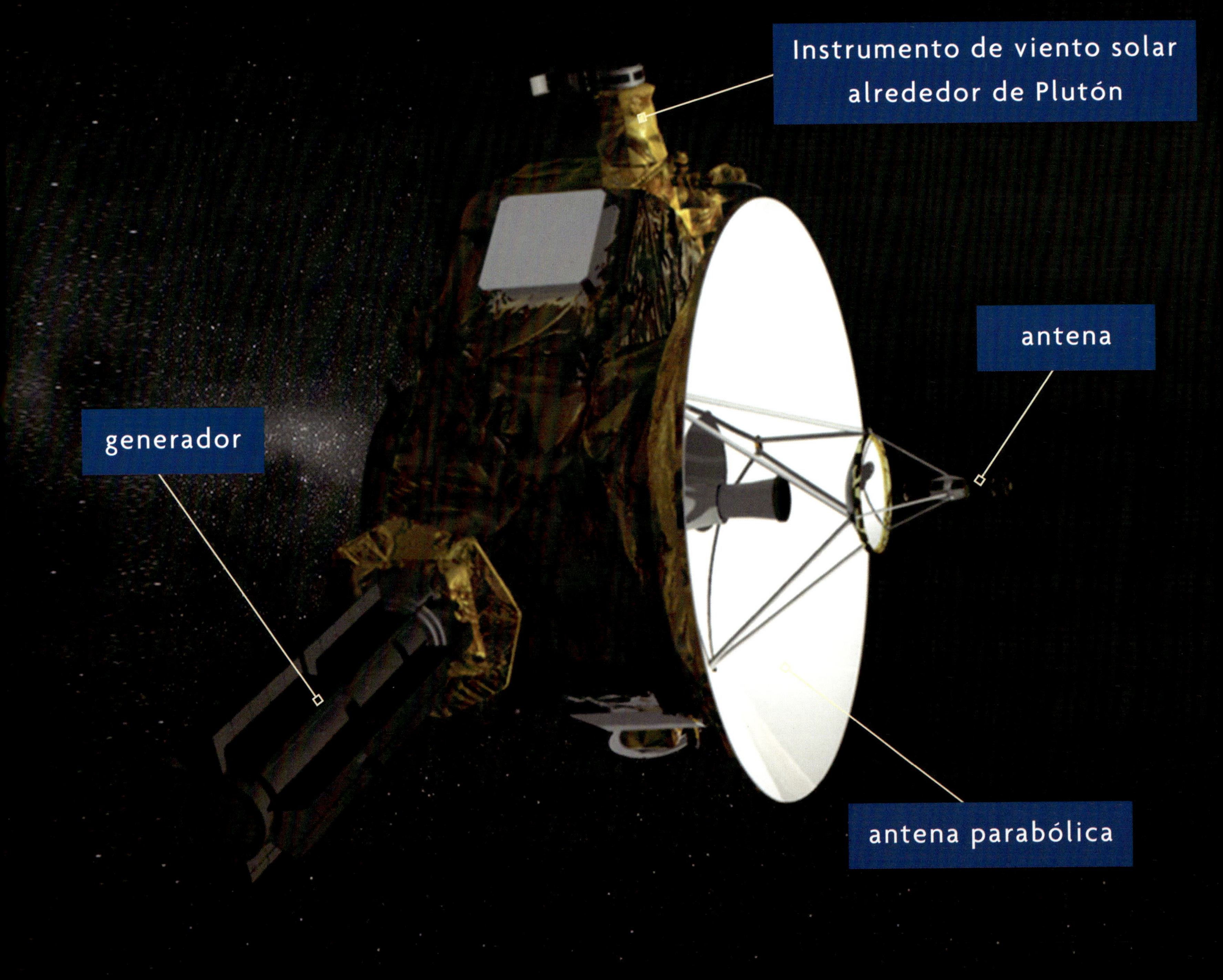

Datos rápidos

El cuerpo de *New Horizons* es de casi 2,5 pies (0,8 m) de grosor.

El cohete Atlas V que lanzó la *New Horizons* utilizó cinco **cohetes aceleradores sólidos**.

Cuatro de los siete instrumentos de *New Horizons* miden diferentes cualidades atmosféricas.

La antena parabólica mide 6,9 pies (2,1 m) de ancho.

Glosario

aluminio: un metal liviano utilizado en el transporte, el embalaje y muchas otras aplicaciones

Cinturón de Kuiper: un área del sistema solar más allá de Neptuno, que se cree que contiene muchos asteroides, cometas y cuerpos helados

cohetes aceleradores sólidos: cohetes reutilizables que ayudan a despegar y acelerar la nave espacial

generador: una máquina que convierte la energía en electricidad

ondas de radio: un tipo de energía que se mueve a través del espacio a la velocidad de la luz, utilizado para la comunicación a larga distancia

sistema solar: el sol, los planetas y sus lunas, y cuerpos más pequeños, tales como asteroides y cometas

Índice